Prefácio

Poesia sempre foi um norte para meu trabalho. Houve encontros em minha vida que serão, sem dúvidas, inesquecíveis. Todas as palestras que assisti do mestre Rubem Alves e os encontros pelos corredores da Unicamp me trazem a doce lembrança de histórias que ele mesmo chamava de "Histórias para grandes e pequenos". Foi assim que, em um trabalho dirigido com muito carinho, compartilhei com Maria Fernanda um dos contos do mestre: *A menina e o pássaro encantado*. De tanto ler, essa história já está gravada em minha memória e coração.

Deste conto, esta moça forte, corajosa e com desejos infindos de transformação, fez nascer uma história linda de superação do Mutismo Seletivo. Mas o caminho que se apresentava à minha frente era mais florido ainda. Nesta mesma época, conheci Jessye Blue, artista, pessoa com transtorno do espectro autista e, hoje, ilustradora deste livro. Pessoa linda e querida.

Simplesmente Maria Fernanda e Jessye: duas ativistas em causas de superação.

Aproveitem a leitura!
Apreciem as ilustrações!
Espero que ela toque o coração de grandes e pequenos!
Obrigada, Nanda e Jessye, por me fazerem parte de suas histórias.

Elisa Neiva Vieira

Psicóloga Clínica CRP 46. 2287
Mestra em Psicologia
Fundadora do Instituto Mutismo Seletivo Brasil

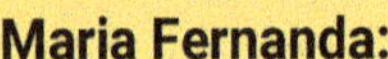

Maria Fernanda:

Oi, pessoal! Eu sou a Maria Fernanda, e hoje vou contar uma historinha muito especial para vocês. Mas, antes de começarmos, quero apresentar alguém muito importante que tem me ajudado bastante. Oi, doutora Elisa!

Elisa:

Olá, Maria Fernanda! Oi, pessoal! Eu sou a Dra. Elisa, psicóloga. Fico muito feliz em estar aqui hoje para compartilhar essa história com vocês. Maria Fernanda me contou que tem uma história encantadora para compartilhar, que fala sobre coragem, apoio dos amigos e superação de desafios. Não é mesmo, Maria Fernanda?

Maria Fernanda:

Isso mesmo, Dra. Elisa! A história de hoje é sobre uma canarinha chamada Olívia. Espero que todos gostem e possam aprender um pouquinho com ela. Então, vamos começar?

Olívia em busca do seu canto

Autora: MARIA FERNANDA PELLOSO CARBONEZE
Organização: ELISA NEIVA VIEIRA
Arte: JESSYE BLUE

Era uma vez, na floresta encantada do vilarejo da Esperança, um lugar mágico onde todos os animais viviam em harmonia. Entre os muitos habitantes, havia uma canarinha chamada Olívia. Olívia era uma passarinha muito esperta e adorava voar à noite sob a luz da lua, observando as estrelas e ouvindo as histórias que o vento contava.

No ninho, Olívia era muito ativa. Explorava cada canto da floresta e cantava melodias lindas para seus pais e suas irmãs sobre suas incríveis aventuras pelas redondezas do vilarejo. Mas havia algo diferente sobre Olívia. Quando estava perto dos outros animais da floresta, ela tinha dificuldade de cantar. Sua voz parecia travar e, mesmo querendo muito cantar, ela acabava ficando em silêncio.

Os amigos de Olívia, o tucano Bolota e a sabiá Pipa, perceberam que Olívia nunca cantava quando estavam juntos. Preocupados, decidiram conversar com a sábia coruja anciã, Dona Coruja Aurora, que morava no topo da árvore mais alta.

"Dona Aurora, por que Olívia não canta quando está com a gente?", perguntou Bolota.

Dona Aurora, com seus olhos brilhantes de sabedoria, respondeu: "Olívia tem algo chamado mutismo seletivo. É como se ela tivesse uma chave mágica que liga e desliga sua voz. Em casa, a chave está ligada, e ela canta normalmente, mas, quando está fora, a chave se desliga, e ela não consegue cantar, mesmo querendo muito."

Pipa, curiosa, perguntou: "Ela está bem? Como podemos ajudá-la?"

Dona Coruja Aurora respondeu com carinho: "Olívia está bem, mas ela precisa de amigos que a compreendam e a apoiem. Podemos ajudá-la sendo pacientes e compreensivos. Às vezes, só estar por perto, brincar e sorrir já faz uma grande diferença. Podemos mostrar para ela que estamos aqui, sem pressão."

Bolota e Pipa concordaram e começaram a incluir Olívia em todas as brincadeiras, mesmo que ela não cantasse. Aos poucos, Olívia começou a se sentir mais confortável. Ela batia as asas de alegria e até fazia pequenos sons para seus amigos.

Dona Coruja Aurora, vendo o progresso de Olívia, sugeriu que ela visitasse a Dra. Maria Arara, a psicóloga da floresta. Dra. Maria Arara era uma profissional muito sábia, conhecida por ajudar os animais a enfrentarem seus medos e preocupações.

Olívia foi visitar o consultório na toca da Dra. Arara, que a recebeu com um sorriso caloroso. Elas conversaram sobre os sentimentos de Olívia e sobre como era difícil para ela cantar em certos lugares. Dra. Maria Arara ensinou a Olívia algumas técnicas para se sentir mais calma e segura.

Com o tempo e com a ajuda da psicóloga, Olívia começou a sentir que a chave mágica da sua voz estava ficando mais fácil de ligar. Ela ainda tinha dias difíceis, mas sabia que podia contar com seus amigos e com a doutora.

Um dia, durante um piquenique na floresta, Olívia surpreendeu a todos levantando sua pequena asa para compartilhar algo. Com um grande esforço, ela conseguiu cantar uma nota suave, pousando delicadamente ao lado de uma flor.

E assim, com paciência, carinho e compreensão, Olívia continuou a encontrar sua voz na floresta encantada do vilarejo Esperança, sabendo que tinha sua família, amigos, anciãos e a sábia Dra. Maria Arara que a apoiavam sempre. E viveram todos felizes para sempre, sabendo que cada um é especial do seu jeito e que, com amor e paciência, podem superar qualquer desafio.

Fim

Relato

De certa forma, a trajetória da canarinha Olívia é parecida com a minha própria história. Com a ajuda da minha psicóloga, já estou superando o Mutismo Seletivo, estou no finalzinho do meu tratamento, mas, na minha infância, passei por tudo o que Olívia também passou...

Assim como a canarinha Olívia, também enfrentei momentos em que senti muita dificuldade em conversar com as pessoas. Parecia que minha "chave mágica" se desligava. Lembro-me de como eu queria muito usar a minha voz com todo mundo, igual a Olívia, mas eu não conseguia...

Durante esse tempo em que eu não conseguia conversar, também tive amigos que perceberam minhas dificuldades e me ajudaram quando eu precisava, assim como Bolota e Pipa ajudavam Olívia. Na escola, eles inventavam novas brincadeiras para que eu pudesse participar também; eles eram pacientes e compreensivos e estavam sempre presentes o que me fez sentir que não estava sozinha.

E, assim como Olívia tinha a sábia Dona Coruja Aurora, também tive pessoas maravilhosas na minha vida, principalmente os meus pais e minha irmã, que me ajudaram a entender melhor os meus desafios e a procurar a ajuda da psicóloga.

A consulta da canarinha Olívia com a Dra. Maria Arara me lembra de quando tive minha primeira consulta com minha psicóloga. As conversas com a doutora foram muito legais e importantes para que eu pudesse me sentir mais calma e mais segura nos momentos em que minha voz não conseguia sair.

Ainda tinham dias que eram muito difíceis; dias em que eu queria muito conversar, mas ficava ansiosa e nenhuma palavra saía da minha boca. Porém, com o tempo, por conta do tratamento, assim como Olívia, comecei a perceber que eu estava muito mais corajosa! E a chave mágica da minha voz parecia ficar bem mais fácil de ligar depois que eu conversava com a psicóloga. Na escola, cada vez que conseguia conversar com um amiguinho diferente, eu me sentia A MENINA MAIS CORAJOSA DO MUNDO! Comecei, então, a ganhar confiança e a me sentir capaz de conversar, de pouquinho em pouquinho, com as pessoas até conseguir conversar com qualquer pessoa que eu quisesse.

Hoje, quando lembro da época em que eu ficava em silêncio, principalmente na escola, vejo como a história da canarinha Olívia na floresta encantada do vilarejo da Esperança se parece com a minha história de vida. A minha luta contra o mutismo seletivo todos os dias, o apoio da minha família e amigos, a busca por ajuda com a psicóloga e a superação até conseguir conversar com as pessoas são temas que nos unem. E, assim como Olívia, continuo a andar pelo meu caminho, sabendo que, com paciência, muito carinho e compreensão, podemos superar qualquer desafio que vier pela frente. Eu confio em você! Vamos juntos?

<h1 style="text-align:center">Depois de ler a história,
responda às perguntas abaixo</h1>

1. Você conhece alguém parecido com a canarinha Olívia?

2. Tente explicar por que Olívia ficava muito tranquila com seus pais e até cantava, como se fosse uma pessoa usando sua voz corajosa.

3. Você sabe explicar por que Olívia não conseguia cantar perto dos outros pássaros da floresta? O que será que ela sentia?

4. Olívia queria muito cantar para todos. Como ela conseguiu fazer isso?

5. Você conhece alguém que tem uma chave mágica que liga e desliga a voz?

6. A Doutora Maria Arara é a psicóloga da passarinha Olívia. Você sabe o que faz uma psicóloga?

7. Quais técnicas corajosas Olívia pode ter usado para se sentir confortável e segura?

8. Qual teria sido o plano para Olívia encontrar a coragem e deixar que ouvissem sua voz corajosa?

9. Você precisa de coragem para enfrentar algo?

10. Faça um plano corajoso para você.

11. Olívia teve muitos pássaros que a ajudaram na incrível tarefa de cantar. Vamos pensar que esses pássaros são amigos humanos. Eles poderiam ajudar você? Quem seriam eles?

E então, pessoal, o que acharam da história da Olívia?

Foi uma história linda, Maria Fernanda. A trajetória da Olívia é realmente inspiradora e mostra como o apoio e a compreensão dos amigos e da família são importantes.

Espero que a história da Olívia possa inspirar outras crianças que passam por situações parecidas. Juntos, com paciência e amor, podemos superar qualquer desafio. Vamos juntos?

Com certeza! Vamos juntos!

Maria Fernanda, 22 anos, nasceu em Junqueirópolis, no interior de São Paulo. Graduou-se em Letras - Português/Inglês pela Universidade Federal de Mato Grosso do Sul e atualmente é estudante do curso de Pedagogia. Maria Fernanda conviveu com o mutismo seletivo até a fase adulta, descobrindo a existência desse transtorno de ansiedade apenas aos 21 anos. Antes dessa descoberta, enfrentou diversas limitações decorrentes do mutismo seletivo. Desde então, dedicou-se ao estudo aprofundado do assunto. Apaixonada por escrever e criar, hoje ela compartilha seu conhecimento com outros mutistas, pais, educadores e profissionais da saúde por meio de vídeos nas redes sociais, narrando sua trajetória e oferecendo apoio.

Jessye Blue nasceu em Jacaraú, na Paraíba. Ela foi diagnosticada tardiamente com TEA, aos 23 anos. É uma artista plástica por natureza. Sempre gostou de pintar, pois a pintura sempre foi uma forma de se autorregular. Ela aprimorou sua técnica fazendo aulas com Grazi Gadia a partir de 2020, durante a pandemia do COVID-19. Hoje, ela assina diversas estampas de marcas de roupas. Tornou-se monitora do curso online ARTS & HEARTS na qual auxilia Grazi nas aulas com os alunos com TEA. É co-curadora de alguns Festivais de Artes junto com Grazi Gadia para pessoas que estão dentro do espectro do autismo. Além de ilustrar belíssimos quadros, também é palestrante. A arte superou a sua condição de autista e, hoje, é a sua identidade.

Agora que você já leu a história da Nanda e viu o desenho da Jessye,
faça a sua própria história sobre mutismo seletivo e desenhe o que
você quiser.

Ao final, você pode compartilhar sua história com a gente, se quiser,
claro! Anote nosso e-mail: *mutismoseletivobrasil@gmail.com*
Vá em frente! Você é capaz de fazer coisas maravilhosas!

Escreva uma carta para Olívia contando o que você sentiu
ao conhecer a sua história e como ela te inspirou.

METAS	DESAFIOS

Agora que você já traçou suas metas, faça um desenho de você as cumprindo.

Após listar seus desafios e metas, dedique uma página exclusivamente para suas conquistas. Essa página será um espaço para celebrar cada vitória, desde as menores até as maiores.